Edition Schott

arren-Archiv

Leo Brouwer
* 1939

Danza caracteristica
Para el „Quítate de la Acera"

for Guitar
para Guitarra
für Gitarre

(1957)

GA 422
ISMN 979-0-001-09672-0

SCHOTT

www.schott-music.com

Mainz · London · Berlin · Madrid · New York · Paris · Prague · Tokyo · Toronto
© 1972 SCHOTT MUSIC GmbH & Co. KG, Mainz · © renewed 2000 · Printed in Germany

A Isaac Nicola

DANZA CARACTERISTICA

Para el „Quítate de la Acera"

Leo Brouwer
(1957)

Allegro (♩ = 116 – 120)

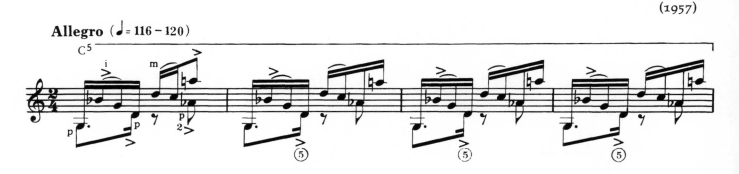

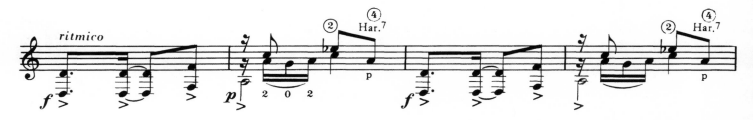

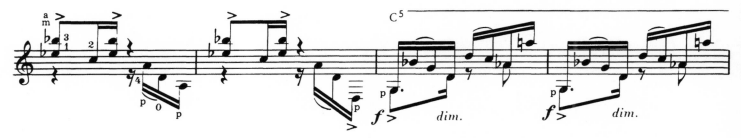

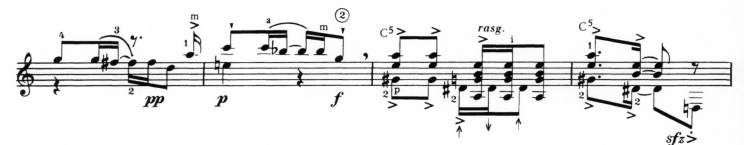

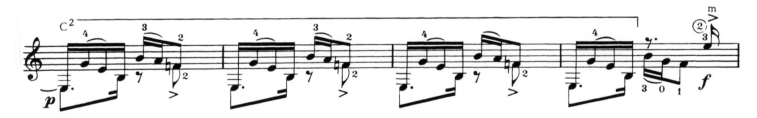

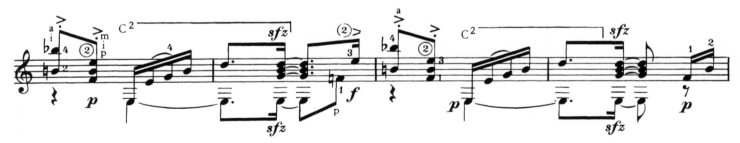